30



ALIMENTATION ET ...

# Graines germées

## Le plein de vitalité

ALESSANDRA MORO BURONZO

Lorsque l'on parle d'alimentation moderne, de nombreuses voix s'élèvent pour évoquer les dangers d'une mauvaise nutrition, les carences, l'obésité, etc. De nos jours, les dérives alimentaires sont en effet multiples et ne prennent pas en compte les véritables besoins de l'organisme humain : dans certains pays, on mange trop, dans d'autres pas assez. Dans ce « désordre alimentaire », les graines germées apportent une solution à la fois intelligente et savoureuse.

Clin d'œil

jouvence ÉDITIONS

Nous ne réalisons pas à quel point les graines germées peuvent être importantes pour notre équilibre alimentaire, et ces précieuses petites graines pourraient bien devenir la nourriture du futur. En effet, elles offrent un très bon apport nutritionnel, bien supérieur à beaucoup d'autres aliments. Les graines germées sont étonnamment riches en sels minéraux, en oligo-éléments, en vitamines, en enzymes, en acides aminés. Leur coût modéré est à la portée de toutes les bourses. Elles se digèrent facilement, ce qui permet d'en profiter à tous les âges. Enfin, les faire pousser est un jeu d'enfant !

## Les atouts des graines germées

Déjà connues de toutes les civilisations anciennes, les graines germées ont été longtemps oubliées. Heureusement, elles sont en train de retrouver toutes leurs lettres de noblesse. On désigne par le terme de « graines germées », des graines ayant subi un processus de germination. Elles peuvent appartenir à différentes catégories :

- **les céréales :** avoine, blé, millet, orge, riz, seigle, maïs…
- **les légumineuses :** azukis, lentilles, petits pois secs, pois chiches, soja, haricots…
- **certaines plantes :** persil, cresson, radis, moutarde, navet, lin, trèfle, carotte, oignon, céleri, fenouil…
- **les graines oléagineuses :** sésame, tournesol, courge...

Le processus de germination est fascinant, car c'est la vie qui se met en action. Une graine germée est un peu comme l'« embryon » de la future plante, renfermant toute la force qui est nécessaire à sa croissance. Dans chacun de ces minuscules aliments vibre la vie et chacune de ces graines regorge d'une **grande quantité d'énergie vitale**, qui permettra de donner naissance à une nouvelle plante. Pendant la période de germination, une véritable alchimie se réalise, pour faire en sorte que chaque graine germée devienne une **mine de nutriments :** des vitamines, des sels minéraux, des oligo-éléments, des fibres, des enzymes et des acides aminés.

## Les vitamines

Le contenu en vitamines augmente considérablement pendant la phase de la germination. Même si cela est variable et dépend du type de chaque graine, en voici quelques exemples : la vitamine B1 augmente de 50 %, la B2 de 50 %, la B5 de 100 %, la B6 de 100 % et la C de 100 % (dans le germe de blé, jusqu'à 600 % !). Toutes les vitamines s'allient avec les oligo-éléments et les enzymes et deviennent hautement assimilables par l'organisme humain.

Presque toutes les graines germées contiennent de la **vitamine C** (sauf quelques-unes comme l'avoine, l'azuki, la carotte, le lin, le sarrasin, le millet) et de la **vitamine E** (sauf l'azuki, la carotte, le fenugrec, le pois chiche, le soja vert). Toutes les graines germées contiennent une grande quantité de vitamines du **groupe B.** Parmi les graines germées contenant de la vitamine B9 (ou acide folique), on retrouve l'avoine, le blé, les lentilles, la luzerne, le maïs, l'orge, les pois chiches, le soja jaune, le riz. Parmi celles qui contiennent de la vitamine B12, on a les lentilles, l'orge, les pois chiches, le soja jaune.

**Le palmarès des vitamines**

| | A | B1 | B2 | B3 | B5 | B6 | B9 | B12 | C | D | E | F | K |
|---|---|---|---|---|---|---|---|---|---|---|---|---|---|
| Alfalfa ou luzerne | • | • | • | | • | • | • | | • | • | • | • | • |
| Lentilles | • | • | • | • | • | • | • | • | • | | • | | |
| Orge | • | • | • | • | • | • | • | • | • | | • | | |
| Blé | • | • | • | • | | • | • | | • | | • | | |
| Soja jaune | | • | • | • | | • | • | • | • | | • | | |
| Maïs | • | • | • | • | • | • | • | • | • | | • | | |

## Un cocktail de nutriments

Outre les vitamines, les graines germées ont un taux très élevé d'**oligo-éléments** et de **sels minéraux**. On y trouve du magnésium, du calcium, du fer, du phosphore, du potassium, du zinc, du sodium, du soufre en quantités bien supérieures que dans la graine avant la germination. Les **enzymes** sont aussi présents en assez grande quantité ; ils se développent pour favoriser les réactions propres à la germination. Les **protéines** et les **glucides** sont transformés pendant la germination en molécules plus simples et sont, de ce fait, facilement assimilables par notre organisme, comme si le travail de digestion avait déjà été commencé avant même de porter la fourchette à notre bouche. Les protéines sont scindées en acides aminés et les glucides sont transformés en sucres simples. Ils sont ainsi plus faciles à digérer.

La **chlorophylle** (le pigment vert d'une plante) se développe considérablement dans toutes les graines germées. Les études sur la chlorophylle montrent qu'elle est très bénéfique pour l'organisme. Elle aide en cas de carence en fer, purifie l'organisme, en particulier le foie et les reins, améliore le transit intestinal, aide à faire baisser le mauvais cholestérol et à combattre l'acidité de l'estomac.

Ayant pour elles de nombreux atouts, les graines germées suscitent une vraie passion et font de plus en plus d'adeptes. Elles sont riches en nutriments, faciles à faire pousser, digestes, écologiques et saines. Autrement dit, tout ce que l'on demande à la nourriture du futur, dans un souci de prévention, de maintien de la santé et de respect pour notre planète.

## Pour aller plus loin

- http://www.naturosante.com/rubriques/conseils
- http://www.cfaitmaison.com/germs/germes.html

## Pour en savoir plus

- Caroline Dougoud Chavannes, *Les graines germées de A à Z*, Jouvence.
- Max Labbé, *Ces étonnantes graines germées*, auteur auto-édité.
- Alessandra Moro Buronzo, *L'alimentation intelligente*, Médicis.

## Dans la même collection

- **Alessandra Moro Buronzo**
  *L'agar agar.*
  *Aloe vera.*
  *À la découverte des légumineuses.*
  *Les aliments brûleurs de graisses.*
  *Les céréales.*
  *Les fleurs de Bach.*
  *Les fruits secs.*
  *Les huiles essentielles.*
  *Huiles essentielles à la maison.*
  *Les « laits » végétaux.*
  *Les produits de la ruche.*
  *Le régime Okinawa.*
  *Renforcer son système immunitaire.*
  *Le soja et ses dérivés.*
  *Le thé, boisson de santé.*
  *Le thé vert.*
- **Daniel Kieffer**
  *L'alimentation vivante.*
  *Les associations alimentaires.*
  *Le (bon) vin et la santé en naturopathie.*
  *La naturopathie, c'est quoi ?*

*Les informations pratiques contenues dans ce livret ont été vérifiées en décembre 2008.*

**Éditions Jouvence**
**France :** BP 90107 / 74161 Saint-Julien-en-Genevois
**Suisse :** CP 184 / 1233 Genève-Bernex
Internet : www.editions-jouvence.com / Mail : info@editions-jouvence.com
Catalogue gratuit sur simple demande

Diplômée en psychologie et en [illegible] en fleurs de Bach, **Alessandra Moro Buronzo** est auteur et journaliste. Elle a déjà publié de nombreux livres à succès dont *L'alimentation intelligente* (Médicis), qui fait référence, et le *Grand guide des huiles essentielles* (Hachette Pratique). **Son site : www.buronzo.com**

Clin d'oeil

**Découvrir l'essentiel d'un sujet en quelques pages, le comprendre, s'en imprégner, trouver des pistes de réflexion pour aller plus loin. C'est le pari de cette collection qui s'appuie sur des auteurs renommés et pédagogues, capables de synthétiser leurs connaissances pour les mettre à la portée de tous. Nous vous souhaitons une enrichissante lecture... en un clin d'œil !**


Conception graphique : Isabelle Chemin
Logo et dessins : Anne Bordenave
Suivi éditorial : Fabienne Vaslet
Photo 1re de couverture :
© Claudio Calcagno - Fotolia.com
ISBN : 978-2-940420-52-0
Dépôt légal : février 2009
Imprimé en France

2,90 € 4,90 CHF

9 782940 420520

CLIN D'ŒIL

## Quelles graines choisir ?

Pour être sûr de bénéficier de toutes les vitamines, sels minéraux et nutriments dont votre organisme a besoin, la meilleure solution est de **varier les graines que vous consommez.** Au début, choisissez des graines faciles à faire germer, comme celles de luzerne, de lentilles ou de soja. Vous varierez ensuite selon vos goûts et les autres aliments composant votre repas.

© Alexander Inglessi - Fotolia.com

### Comment obtenir des graines germées ?

Faire pousser des graines est un jeu d'enfant, véritablement à la portée de tous. Pour germer, les graines ont besoin de certaines conditions : **de l'humidité, de l'obscurité, de l'air et une température moyenne** (ni trop froide ni trop élevée). Il existe des récipients, appelés germoirs, spécialement conçus pour aider à la germination. Composés de trois parties destinées aux graines, les germoirs peuvent être en argile ou en plastique. Le germoir en argile présente l'avantage d'être naturel ; il ne laisse pas passer la lumière – ce qui est bien pour les premiers moments du processus et moins bien pour certaines graines, qui demandent plus de temps pour germer et ont besoin de lumière pour produire de la chlorophylle ; de plus, ses trous sont assez grands, ce qui ne convient pas aux petites graines qui peuvent tomber. Le germoir en plastique, lui, s'adapte bien à toutes les graines, car son système de distribution d'eau ne demande pas de trous – mais il est moins naturel !

**PRÉCAUTION**

Que l'on utilise un germoir ou un autre ustensile, il faut bien rincer les graines régulièrement, au moins une fois par jour. Pendant les périodes chaudes, il est nécessaire de les rincer davantage, pour éviter la formation d'éléments indésirables. N'oubliez pas de bien rincer les graines avant de les manger, pour ôter les substances indésirables rejetées par l'activité de germination.

Si l'on souhaite se passer de germoir, on peut faire germer des graines dans presque n'importe quel récipient (une assiette, un bocal en verre, un verre…). Il suffit de **faire tremper les graines** (de préférence dans de l'eau de bonne qualité, évitez l'eau du robinet) pendant une nuit dans de l'eau froide et de les laisser ensuite une journée entière dans un milieu humide et protégé de la lumière. Le jour suivant, il faut **bien les rincer** et les laisser encore une journée dans l'obscurité et dans l'humidité. Cette opération doit se répéter pendant 2 à 5 jours, selon le temps de germination des graines choisies (qui est généralement indiqué sur le paquet). Au bout de quelques jours, les pousses commencent à apparaître : elles sont blanches au début mais elles deviennent vertes (donc plus riches en chlorophylle) si, après la germination, elles ont été un peu exposées à la lumière.

© Claudio Calcagno - Fotolia.com

## Où acheter les graines ?

Il est toujours préférable d'acheter les graines que l'on souhaite faire germer dans un magasin biologique ou d'alimentation naturelle, pour bénéficier au maximum de leurs bienfaits. La **qualité biologique** garantit l'absence de pesticides et d'autres produits chimiques. Vous trouverez dans ces boutiques des graines germées prêtes à la consommation, proposées en barquettes au rayon frais, mais aussi des paquets de graines à faire germer. Les marques de graines biologiques sont nombreuses – Markal, Primeal, Germline, Bonneterre, Lima, Celnat, Demonjardin…

© Claudio Calcagno - Fotolia.com

© Christian Jung - Fotolia.com

## Les coûts

La plus grosse dépense pour faire pousser des graines est représentée par le germoir, mais une assiette ou un pot en verre peuvent suffire. Le coût des graines en lui-même est très raisonnable. Le prix d'un sachet varie selon le type de la graine choisie, la quantité et sa qualité. En général, les prix sont raisonnables – de 1 à 5-6 € le paquet de graines labellisées bio.

© Nimbus - Fotolia.com

## Les caractéristiques de certaines graines germées

Riches en nutriments, elles possèdent chacune leurs caractéristiques propres, mais toutes ont un pouvoir énergisant. Voici les caractéristiques de quelques graines, parmi les plus connues.

► **L'alfalfa, ou luzerne,** est une graine qui possède des racines très profondes lui permettant de puiser les nutriments dans les profondeurs du sol. Cette graine germée est parmi les plus énergétiques, dynamisantes et nutritives, car elle est riche en protéines, en vitamines (voir plus haut), en minéraux et en oligo-éléments (du fer, du phosphore et du calcium). Sa réputation est telle qu'on la trouve facilement dans les magasins spécialisés, à faire germer ou prête à la consommation.

► Originaire d'Extrême-Orient, **l'azuki** est un petit haricot rouge, appartenant à la famille des légumineuses. L'azuki est très riche en protéines, qui augmentent lors de la germination, en minéraux et en vitamines du groupe B.

► **L'avoine** germée est très riche en minéraux (du fer, du calcium, du magnésium, du phosphore). Il s'agit d'un bon tonique physique et intellectuel qui permet de combattre la fatigue.

► Très consommé sous forme de graines germées, **le blé** est avant tout un bon aliment minéralisant, grâce aux sels minéraux et aux oligo-éléments qu'il contient (du calcium, du potassium, du magnésium, du cuivre, du sodium, du fluor, du soufre). Riche en vitamines, il est utile en cas de fatigue physique et psychique.

► **Le cresson** est réputé pour la quantité de vitamines qu'il contient – en particulier les vitamines A, du groupe B et C. Au goût un peu piquant, il s'agit d'un bon stimulant et d'un excellent dépuratif.

► Connu depuis l'Antiquité (Pline l'Ancien, l'écrivain romain, auteur d'une *Histoire naturelle*, parlait déjà du « foin grec »), **le fenugrec** est riche en sels minéraux (du fer, du phosphore, du potassium), en vitamines (A, groupe B, C) et en protéines (y compris la lysine). Son goût agréable et ses qualités nutritionnelles ont fait sa réputation. Véritable fortifiant, le fenugrec est réputé pour être un dépuratif du foie.

### Qui peut manger des graines germées ?

Les graines germées devraient se trouver quotidiennement sur toutes les tables. Elles **conviennent à tout le monde et à tous les âges,** sauf si l'on détecte des allergies spécifiques. Pour la richesse de leurs apports nutritionnels, elles conviennent particulièrement aux enfants, aux personnes âgées, aux convalescents, aux femmes enceintes ou qui allaitent, aux sportifs, aux personnes devant fournir des efforts physiques et mentaux ; elles sont précieuses aussi pendant les périodes de **stress** et de **surmenage.**

### Quand faut-il manger des graines germées ?

Pour être en bonne santé, il faudrait manger une petite poignée de graines germées **tous les jours,** à chaque repas, en variant les graines pour avoir un apport varié de nutriments. Si vous ne pouvez pas en consommer pendant toute l'année, privilégiez certaines périodes, comme les changements de saison (en particulier en automne et au printemps), les périodes d'hiver pour vous aider à prévenir les maladies de refroidissement, les moments de surmenage physique et/ou intellectuel.

## Attention aux imitations !

Ce que l'on connaît sous le nom de « pousses de soja » ne correspond pas aux graines germées du soja ! Les « pousses de soja » sont en réalité de l'haricot mungo qui a commencé à germer et est vendu souvent comme une pousse, qui correspond à un stade plus avancé que celui de la graine germée. Si vous souhaitez consommer des graines germées de soja, il faut acheter des graines de soja et les faire germer !

## Conservation

Les graines germées ne se conservent pas très longtemps, seulement quelques jours dans un bocal en verre bien fermé au réfrigérateur. Pour cette raison, il vaut mieux faire pousser la quantité de germes dont on a besoin et les consommer frais, au fur et à mesure. Les graines à faire germer, en revanche, se conservent très longtemps, à l'abri de l'humidité et de la chaleur.

## Comment consommer les graines germées ?

Les graines germées peuvent se cuisiner de mille façons différentes. Il faut de préférence les manger **crues** pour bénéficier de tous leurs nutriments, telles quelles, **assaisonnées** avec de l'huile, du vinaigre ou du citron, ou en accompagnement d'autres aliments. Il est inutile d'en consommer de grandes quantités : une petite poignée à chaque repas est suffisante.

Elles sont délicieuses :

- dans les **salades,** avec les crudités (carottes râpées, chou rouge, chou vert, céleri, fenouil…) ;
- ajoutées dans les **soupes,** mixées ou non ;
- dans le riz, dans les pâtes, dans toutes les **céréales ;**
- dans les **sandwichs ;**
- avec les **légumes cuits** et dans les **ratatouilles ;**
- mixées dans les **purées,** dans les **farces,** dans le **fromage blanc,** dans les **yaourts,** dans les **sauces,** dans les **vinaigrettes,** dans les **boulettes,** dans les **pâtés,** dans les **tapenades ;**
- pour accompagner le **fromage** ou le **jambon.**

Il est possible de faire cuire les graines germées, même si la cuisson détruit beaucoup de leurs éléments vitaux importants. Si l'on opte pour cette solution, il vaut mieux les faire sauter rapidement à la poêle pour qu'elles restent croquantes et ne perdent pas tous leurs principes nutritifs. On peut ainsi en ajouter à d'autres légumes, dans les omelettes, les galettes, les tartelettes, les crêpes, les pains, les tartes, les soupes, ou encore les cuisiner avec les poissons et les viandes.

► **Les graines de moutarde** sont faciles à faire pousser et apportent un véritable goût prononcé de moutarde à toutes les crudités. Elles sont riches en sels minéraux comme le fer, le calcium et le potassium, et en vitamines. Elles combattent les fermentations intestinales.

© Marilyn Barbone - Fotolia.com

► Fortifiant, **l'orge** est surtout indiqué en cas de faiblesse ou de dépression. Conseillé aux enfants, aux convalescents et aux personnes âgées, il fortifie le système nerveux et contient beaucoup de sels minéraux (du fer, du calcium, du magnésium et du potassium). Il est également rafraîchissant.

© Claudio Calcagno - Fotolia.com

► Très faciles à faire germer, **les pois chiches** possèdent un goût délicat et sont fort digestes. Ils sont riches en vitamines des groupes B et E, ainsi qu'en sels minéraux (du phosphore, du calcium et du fer).

► **Le soja** est une légumineuse au goût délicat. Elle contient beaucoup de protéines (environ 40 % de son poids), de sels minéraux, de vitamines et de fibres. Très utilisé dans la cuisine asiatique depuis la nuit des temps, le soja est un bon minéralisant et énergisant. Il convient à tous les âges, en particulier en cas de surmenage intellectuel et/ou physique.

© Laurent Frigara - Fotolia.com

**ATTENTION**

Il est possible de faire germer beaucoup de graines, mais certaines graines ont des feuilles toxiques, comme par exemple les aubergines. Demandez conseil en cas de doute !

## Les temps de germination

Chaque type de graine demande un temps de germination différent. En général, le temps varie de 2 à 6 jours. Voici les temps pour les principales graines :

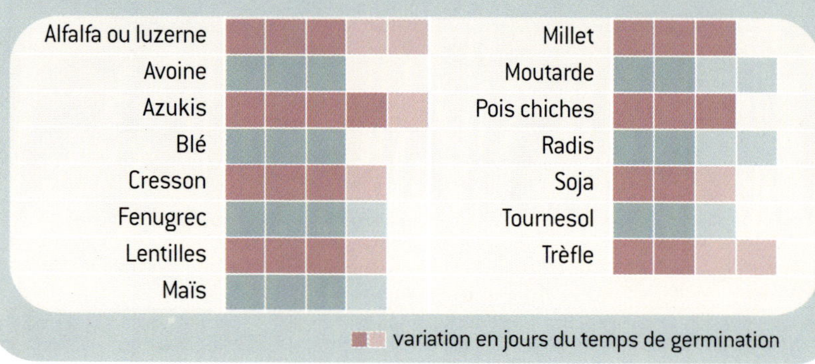